AUX PÈLERINS
d'Annecy à Paray-le-Monial

I

NOTICE BIOGRAPHIQUE
SUR LA BIENHEUREUSE MARGUERITE-MARIE

(Tirée des leçons historiques de l'Office de sa fête
17 octobre)

Marguerite-Marie Alacoque naquit d'une famille honorable, au village de L'haute-Cour, sur le territoire de la paroisse de Verosvres, diocèse d'Autun, le 22 juillet de l'an 1647. Répondant aux merveilleuses impulsions de la grâce dont elle avait été prévenue, elle entra dès ses plus tendres années dans la voie de la perfection, et dirigea les premiers élans de son cœur tout innocent vers la forme de vie intérieure à laquelle elle avait été prédestinée. Encore petite enfant, à peine eut-elle le discernement des choses, tout son bonheur était de s'entretenir à genoux et les mains jointes, avec l'Epoux céleste, de lui consacrer son cœur, et de lui vouer une chasteté virginale, le Sauveur lui-même lui inspirant ce vœu au-dessus de son âge. Le désir de plaire à Jésus, et la piété envers sa très-sainte Mère, à laquelle elle savait que Notre-Seigneur lui-même l'avait recom-

mandée, allèrent toujours croissant d'année en année ; et l'amour divin qu'alimentait en elle le saint exercice de l'oraison prolongée pendant plusieurs heures alluma dans son cœur le désir ardent de souffrir, pour ressembler à son Bien-Aimé. C'est pourquoi elle mortifia son corps par les jeûnes, les veilles et d'autres austérités, à tel point qu'elle en devint malade ; et, au milieu des longues vexations qu'elle eut à supporter, après la mort de son père, de la part des serviteurs de sa maison, elle fixa si bien le regard de son âme sur Celui qui est doux et humble de cœur, qu'elle fut bientôt, dans la vie du monde, un modèle admirable de sainteté.

Etant entrée dans l'Ordre de la Visitation de Sainte-Marie (1), au Monastère de Paray, qu'elle avait choisi afin de vivre plus complètement séparée de ses proches, elle donna, dès le début de sa carrière religieuse, une preuve éclatante de sa sainteté par la pratique de toutes les vertus de la vie parfaite. Alors Jésus-Christ voulut bénir son épouse et achever de la préparer à l'accomplissement de ses desseins, par le don d'une oraison plus élevée, par des colloques intérieurs et par d'autres grâces de choix. Entre les diverses apparitions dont il daigna l'honorer, la plus célèbre fut celle qui eut lieu un jour qu'elle priait devant le très-saint Sacrement : le Sauveur se fit voir à elle, et, entr'ouvrant sa poitrine, il lui montra son divin Cœur tout rayonnant de flammes et entouré d'une couronne d'épines   il lui ordonna de travailler à faire rendre un culte public à ce Cœur, afin de reconnaître l'amour dont il est embrasé pour nous, et de réparer les injures dont il est abreuvé par l'ingratitude des hommes ; il promettait en même temps

(1) 25 mai 1671.

les plus grandes grâces pour récompense à ceux qui répondraient à son désir. L'humble Marguerite hésitait ; elle alléguait sans cesse son impuissance à remplir une si grande mission ; mais Jésus la rassura en lui promettant son assistance et en lui prédisant le succès. Dès lors, pleine de confiance, elle ne vécut que pour cette œuvre ; ses sentiments, ses paroles, ses exemples, ses écrits, ses sacrifices de tous les instants n'avaient qu'un seul but, amener toutes les âmes à honorer le très-saint Cœur de Jésus par les hommages intérieurs et extérieurs qu'il avait témoigné devoir lui être agréables. Chose admirable ! elle réussit à inaugurer ce culte ; et le Saint-Siége l'ayant approuvé, il se développa progressivement, et devint plus tard une institution catholique on ne peut plus salutaire : le monde entier est là pour l'attester.

Marguerite avait demandé instamment au Seigneur que les faveurs éclatantes dont il la comblait devinssent pour elle une occasion d'être méprisée des hommes ; ses désirs furent pleinement réalisés : soit au dedans, soit au dehors du monastère, elle trouva sans cesse des contradicteurs qui, se persuadant qu'elle était la triste victime d'une illusion, ou du moins craignant qu'elle ne le fût, critiquaient l'esprit par lequel elle était conduite, ou le soumettaient à de continuelles et dures épreuves ; mais tout cela ne servit qu'à faire briller d'une splendeur nouvelle et toujours croissante l'humilité, la patience, l'obéissance et la charité de la douce vierge. On la vit aussi souffrir avec une constance invincible les affronts et les menaces qu'elle eut à subir pour avoir courageusement renvoyé du noviciat une jeune personne de noble famille. A toutes ces peines vinrent se joindre de graves et longues maladies ; les remèdes que les médecins avaient indiqués ne faisaient que les aggraver, et

-on lui refusait ceux que le Sauveur avait prescrits pour sa guérison. Pour elle, tout absorbée dans le Cœur divin de Jésus, tout embrasée du feu de son amour, elle n'avait qu'un désir : souffrir encore plus, souffrir plus cruellement encore. Elle supportait avec la plus généreuse patience les douleurs de sa dernière maladie, lorsque tout à coup la pensée du jugement de Dieu jeta dans son âme une si vive terreur, que toute tremblante, fondant en larmes, et étreignant son crucifix, elle demandait miséricorde : mais bientôt les consolations célestes vinrent rendre la joie à son cœur. Holocauste du divin amour, consumée par les flammes de la charité plus encore que par la maladie, elle s'envola vers son Époux le dix-sept octobre de l'an 1690 : elle était âgée de quarante-trois ans. Des miracles sont venus attester la gloire dont elle jouit au ciel ; et Pie IX les ayant fait constater selon les formes voulues, a inscrit son nom au catalogue des Bienheureux, à la grande joie de toutes les âmes pieuses, le dix-huit septembre mil huit cent soixante-quatre.

II

PRINCIPAUX LIEUX

SANCTIFIÉS PAR LES SOUVENIRS DE LA BIENHEUREUSE

et qu'on rencontre

dans le Pèlerinage d'Annecy à Paray-le-Monial

I. MACON, chef-lieu du département de Saône-et-Loire, 18,332 habitants.

C'est à Mâcon que, pendant sa jeunesse, Marguerite-Marie vénérait un jour une image de saint

François de Sales exposée dans l'église de la Visitation. « Il sembla, dit-elle, me jeter un regard si paternellement amoureux, en m'appelant sa fille, que je ne le regardais plus que comme mon bon père. »

II. Une heure environ après avoir quitté Mâcon, le train arrive à CLUNY, où l'on voit. depuis la gare, les restes de la célèbre abbaye de bénédictins qui fut la pépinière ou le séjour de tant de saints illustres.

III. 40 minutes après, en sortant d'un tunnel, on aperçoit :

A gauche, sur un mamelon, le clocher de la nouvelle église de VEROSVRES qui a remplacé celle où Marguerite-Marie reçut le baptême et pria bien souvent.

Un peu plus loin, à droite, dans un petit hameau à demi-caché derrière un pli de terrain. sa *maison paternelle* où elle a vécu les treize dernières années de sa vie dans le monde, et où elle a supporté, avec sa mère, de si cruelles vexations de la part des autres personnes du ménage.

IV. Une minute après, avant d'arriver à la gare des *Terreaux-Verosvres*, remarquer à gauche, près de la voie ferrée, le vieux château des TERREAUX, où le père de la Bienheureuse était juge, et où elle a passé sa première enfance.

V. Cinq minutes plus loin, encore à gauche, à un demi-kilomètre du chemin de fer, encadré de verdure, le charmant château de CORCHEVAL, où Marguerite-Marie demeura chez sa noble marraine, la marquise de Fautrières-Corcheval, depuis l'âge de quatre ans et demi jusqu'à huit. C'est là que la bienheureuse enfant donnait déjà de tendres marques de sa dévotion envers le très-saint Sacrement et la vierge Marie, et qu'elle fit le vœu de chasteté perpétuelle.

VI. **Charolles** (chef-lieu d'arrondissement), petite ville située sur une colline, à gauche du chemin de fer.

Marguerite-Marie y passa sa huitième et sa neuvième année, en pension chez les Religieuses de Sainte Claire, dites Urbanistes. Elle fit, avec une ineffable ferveur, sa première communion, en 1656.

VII. **Paray-le-Monial** (chef-lieu de canton), 3,528 habitants.

L'**Eglise paroissiale** de cette ville attire tout d'abord les regards. Elle vient d'être érigée en basilique mineure. A part son porche et deux tours qui sont du Xe siècle, elle a été construite au XIIIe, sur le plan restreint de l'antique église abbatiale de Cluny, par les moines bénédictins, dont l'abbaye a donné à Paray son origine et son nom, *le Monial.*

L'église de la **Visitation**, quoique admirablement restaurée en 1865, est la même qu'au temps de la Bienheureuse. C'est à l'emplacement occupé par le maître-autel qu'ont eu lieu les principales apparitions du divin Cœur de Jésus (1673-1675).

Du côté de l'épître, séparé du sanctuaire par une grille en fer, est le chœur des religieuses où Marguerite-Marie est restée de si longues heures en oraison et en extase, et où elle a été inondée de tant de faveurs.

La châsse d'argent et d'émaux qui renferme ses restes bénis, est d'un travail remarquable.

Le **Jardin** du Monastère possède encore :

Le Bosquet de Noisetiers où Notre-Seigneur apparut à la Bienheureuse encore novice (1672).

La petite Cour dite du Saint-Sacrement, où elle vit et entendit les anges qui l'invitaient à s'unir à eux dans l'adoration du Cœur de Jésus (1685).

La première chapelle élevée au Sacré-Cœur en 1688, du vivant même de Marguerite-Marie, à son indicible consolation.

Les pèlerins ne pouvant pénétrer dans le jardin, aiment, à l'exemple du bienheureux Benoît-Joseph Labre, à s'agenouiller sur le chemin, contre le mur extérieur de ce sanctuaire.

Dans le Monastère, conservé également tel qu'au temps de la Bienheureuse, on a transformé en oratoire l'infirmerie d'où son âme s'est envolée au ciel.

L'Hôpital de Paray mérite la visite des pèlerins. Il a été fondé, ainsi que l'Institut des religieuses qui le desservent, sur l'inspiration de la bienheureuse Marguerite-Marie. On y conserve d'elle des reliques et un précieux autographe. — L'autel de la chapelle de cette maison est celui où tous les jours, à Paray, célébrait la messe le vénérable Père Claude de la Colombière, qui a une si belle part à la direction de la Bienheureuse et à l'établissement de la dévotion au Sacré-Cœur, mort en odeur de sainteté, en 1682.

O pèlerins! vénérez, savourez tous ces souvenirs embaumés, rapportez-en une dévotion sans bornes au Cœur de Jésus et une grande confiance envers la céleste Marguerite-Marie. L'illustre général de Charette avouait un jour à Paray, « qu'il traite plus facilement avec cette Bienheureuse qu'avec tout autre saint. »

Aimez à réciter souvent en l'honneur de cette Apôtre du divin Cœur la belle oraison composée par l'Eglise ; et, de grâce, dites-la une fois pour qui vous envoie ces lignes :

PRIÈRE.

Seigneur Jésus-Christ, qui avez manifesté par de merveilleuses révélations à la Bienheureuse Vierge Marguerite les richesses incompréhensibles de votre Cœur : faites que par ses mérites et à son exemple nous vous aimions en toute chose et par-dessus tout, et qu'ainsi nous soyons dignes d'avoir à jamais une place dans votre Cœur : ô vous qui, étant Dieu, vivez et régnez avec Dieu le Père, en l'unité du Saint-Esprit, dans tous les siècles des siècles. Ainsi soit-il.

INVOCATIONS

A RÉCITER OU A CHANTER SOUVENT

DANS LE PÈLERINAGE.

Cor Jesu sacratissimum, miserere nobis.
Cor Mariæ immaculatum, ora pro nobis.
Sancte Francisce, ora pro nobis.
Sancta Joanna Francisca, ora pro nobis.
Beata Margarita Maria, ora pro nobis.

Les Prières et les Cantiques (paroles et musique) pour le Pèlerinage de Paray se trouvent dans le **Manuel du Pèlerin aux Tombeaux de saint François de Sales et de sainte J.-F. de Chantal**, qu'on peut se procurer chez Abry, libraire. — Prix : 60 centimes.

PROGRAMME

(imité de celui des Pèlerins anglais à Paray en 1873)

On engage les Pèlerins à se préparer à ce grand acte religieux par un **Triduum** *de prières au* **Cœur de Jésus,** *en l'honneur de saint François de Sales et de la bienheureuse Marguerite-Marie, et par la réception des sacrements, de manière à gagner les indulgences.*

Le voyage tout entier doit rester un acte religieux. On se fera donc un devoir d'y pratiquer une sainte réserve, un pieux recueillement et une douce cordialité. On le sanctifiera par l'intention constante d'y procurer la gloire du divin Cœur et par la fidélité aux prières qui vont être recommandées. Cette fidélité, tout en favorisant beaucoup l'ordre du pèlerinage, en enrichira tous les instants du mérite de l'obéissance.

Observation importante.

On évitera de chanter dans les gares où stationnera le train, et dans les rues autres que celles de Paray.

Mardi, 15 juin.

6 heures 1/2 du matin. — Messe pour les pèlerins devant la châsse de saint François de Sales, à la Visitation d'Annecy. — Prières de l'itinéraire.

8 heures 1/4 (heure d'Annecy). — Départ du train spécial. — Dans chaque compartiment, on récitera les litanies du Sacré-Cœur, le *Souvenez-vous, ô très-pieuse vierge Marie.* Puis, à l'imitation de Pie IX,

quand il entre en voiture, on dira un *De Profundis*
pour recommander le voyage aux saintes âmes du
purgatoire.

9 heures. — En partant de RUMILLY. — Récitation,
dans chaque compartiment, des litanies de la très-
sainte Vierge, en l'honneur de Notre-Dame de l'Au-
mône, pour notre Saint-Père le Pape, et chant du
cantique : *Il est un lieu.* (*Manuel*, p. 115.)

9 heures 35. — En approchant D'AIX-LES-BAINS. —
Récitation, dans chaque compartiment, de cinq *Pater*
et *Ave*, pour la guérison de tous les infirmes.

10 heures. — En quittant CULOZ. — Récitation du
chapelet pour la conversion des pécheurs. — Puis,
demi-heure de silence pour permettre à tous un peu
de méditation, et aux ecclésiastiques, la récitation du
saint Office.

11 heures 30. — D'AMBÉRIEUX A MACON. — Chant:
Pitié, mon Dieu! cinq *Pater* et *Ave* pour la France.

De MACON A PARAY, et surtout depuis CLUNY, s'ins-
pirer, dans les chants et les prières, des souvenirs de
la bienheureuse Marguerite-Marie rappelés dans la
notice qui précède.

De CHAROLLES A PARAY, se recueillir, s'exciter à la
contrition de ses fautes, en se rappelant les paroles
du Seigneur à Moïse : *Le lieu où vous êtes est une
terre sainte.*

En découvrant PARAY, chant du psaume *Lœtatus
sum in his...*, puis du cantique *Cœur de Jésus.*
(*Manuel*, p. 111.)

5 heures. — Arrivée à PARAY-LE-MONIAL. — Réception à la gare par le clergé et le comité de cette
ville.

Les pèlerins se réuniront et, sous la direction des commissaires, s'organiseront en procession dans l'ordre suivant :

1. La bannière d'Annecy.
2. Les jeunes personnes, avec les bannières des Enfants de Marie.
3. Les dames.
4. Les laïcs, avec la bannière de l'association de Pie IX.
5. Le clergé et Mgr l'Évêque.

Le cortége se rendra directement à l'église de la Visitation.

Les chants, durant le trajet, seront entonnés exclusivement par le commissaire désigné à cet effet. Ils se trouveront tous dans le *Manuel*. Tout le cortége y prendra part. — Quand on ne chantera pas, on récitera à haute voix le chapelet.

On veillera à ce que l'ordre, le recueillement règnent constamment dans les rangs et soient un sujet d'édification pour tous.

En entrant à la chapelle de la Visitation, on chantera trois fois : *Cor Jesu sacratissimum, miserere nobis.*

Puis *Beata Margarita Maria, ora pro nobis.*

Allocution.

Salut du très-saint Sacrement. — Chants en musique.

Amende honorable et prière au Sacré-Cœur (*Manuel*, p. 69).

Chant du cantique : *Marguerite éclatante* (*Manuel*, p. 139).

Pendant ce chant, les pèlerins, dans l'ordre qu'ils viennent de suivre pour la procession, vénèreront deux à deux la châsse qui renferme le corps de la bienheureuse Marguerite-Marie, — baiseront ensuite les marches du maître-autel où Notre-Seigneur a dévoilé son divin Cœur, et sortiront par la porte et la cour de la sacristie, où se déposeront les bannières.

Les pèlerins qui auront fait retenir leurs logements par le comité, *seuls* demeureront dans cette cour, pour y apprendre d'un commissaire l'adresse de leurs hôtels.

8 heures 1/2 du soir. — Réunion de tous les pèlerins à L'ÉGLISE PAROISSIALE.

Chant de l'*O salutaris* en musique.

Prière du soir.

Allocution et programme de la matinée du lendemain.

Procession aux flambeaux. — On engage chaque pèlerin à emporter de chez lui un petit cierge pour cette circonstance, s'il ne préfère en acheter à Paray.

Cette procession se fera sans bannières, dans l'ordre de la procession d'arrivée. Si d'autres pèlerins s'y joignent, ceux du pèlerinage d'Annecy s'efforceront de se trouver ensemble et de prendre part aux chants communs.

De 11 heures à minuit. — Heure-Sainte. Ce pieux exercice, auquel on invite les pèlerins capables d'en supporter la fatigue, a été enseigné par Notre-Seigneur à la Bienheureuse Marguerite-Marie et était fidèlement pratiqué par elle tous les jeudis de l'année.

Mercredi, 16 juin.

deux-centième anniversaire des grandes manifestations

DU CŒUR DE JÉSUS

Minuit. — Les pèlerins qui se trouveront à ce moment dans la chapelle de la Visitation se feront un bonheur de saluer la journée mille fois bénie du 16 à son début, et de réciter les premiers dans l'univers catholique, au berceau même de la dévotion au Sacré-Cœur, l'acte de consécration au Sacré-Cœur, recommandé par Notre Saint-Père le Pape.

Les messes et les communions commenceront aussitôt dans la chapelle de la Visitation.

MM. les ecclésiastiques agiront prudemment en retenant leurs heures dès la veille en sacristie auprès de M. l'aumônier.

Si les huit autels de la Visitation ne suffisent pas, il faudra s'adresser à la paroisse ou à l'hôpital.

Les prêtres se serviront réciproquement la messe.

Leurs cartes de pèlerins serviront de *celebret*.

Ils auront tous, du reste, pour entendre les confessions, à Paray-le-Monial, les mêmes pouvoirs que dans leur diocèse.

7 heures. — Messe basse à la Visitation, célébrée par Mgr notre Evêque. — Allocution. — Acte public de consécration des âmes, des familles et du diocèse des pèlerins au SACRÉ-CŒUR de JÉSUS.

Pour les autres solennités de la matinée, on se conformera à l'ordre réglé par le Comité de Paray et annoncé la veille.

MIDI. — Chacun se rend à la gare.

Midi et quart. — Départ du train spécial pour Annecy.

Les pèlerins auront soin d'être très-exacts, pour l'heure du départ, sous peine de s'exposer à perdre leurs places.

Sans doute il leur en coûtera de laisser la fête avant qu'elle leur paraisse terminée ; mais ils se rappelleront que tout le mois de juin cette année à Paray, est une fête continuelle, et qu'il serait impossible de quitter ces lieux bénis sans emporter le regret de ne pas voir une solennité nouvelle. Puis, l'Esprit-Saint l'a dit : *L'œil ne se rassasie jamais de voir* (Eccl. 1, 8).

AU RETOUR, mêmes prières que pendant l'aller. En approchant d'Annecy, prière du soir et actions de grâces.

Observations très-importantes.

Ceux qui pourront apporter leurs vivres avec eux feront très-bien d'en agir ainsi. — A Paray, ils pourront prendre leur réfection dans les immenses cloîtres attenant à l'église paroissiale, gracieusement mis à notre disposition par M. l'Archiprêtre-Curé de la ville.

Ceux qui ne se sentent pas la force de passer la nuit à l'église pourront s'adresser, pour avoir des logements, mais au plus tôt, à M. Charles Burdet, rue de l'Evêché, à Annecy.

Les pèlerins ne peuvent emporter avec eux que des bagages à la main, pouvant être placés sous la banquette du compartiment qu'ils occupent.

Les bannières qui ne pourront tenir à cette place seront admises dans les fourgons et transportées gratuitement. Les personnes qui auront la bonne idée d'en apporter en préviendront un des membres de notre Comité.

Les pèlerins liront attentivement le verso de leurs

cartes. Ils auront soin de les garder sur eux durant tout le trajet.

Dans toute incertitude ou difficulté, on s'adressera aux Commissaires du pèlerinage, qu'on reconnaîtra à leur cocarde bleue. On suivra en tout leur direction.

Les pèlerins ne porteront pas d'autres insignes que l'effigie du Sacré-Cœur et la croix bénites qui leur seront remises gratuitement en route par les Commissaires.

———

Toutes les demandes et communications adressées au Comité d'Annecy devront lui arriver AVANT LE 10 JUIN. Jusqu'à ce jour-là, mais pas plus tard, il pourra recevoir de nouvelles adhésions et distribuer des billets de voyage. Naturellement, si les pèlerins dépassaient le maximum des places du train spécial (sept cents), les cartes seraient délivrées, jusqu'à concurrence de ce chiffre, selon l'ordre de priorité des demandes.

———

Le train spécial s'arrêtera, à l'aller, aux stations de RUMILLY, d'AIX et de CULOZ pour y prendre les pèlerins qui en auront préalablement fait la demande à nôtre Comité. Il s'arrêtera, au retour, pour y laisser

les pèlerins qui le voudront, à ces mêmes stations
plus, à celles de BOURG et d'AMBÉRIEUX.

Le présent opuscule devra se trouver entre le
mains de tous les pèlerins. Le Comité se fait u
plaisir de leur en faire hommage. Toutefois, il a
cueillera avec reconnaissance les offrandes qui l
seraient remises pour subvenir aux frais généraux d
pèlerinage.

Annecy, le 24   '5.

Au nom du Comité :

Le président : F. PONCET, vic.-gén.
Le secrétaire : F. RUSCON.
Le trésorier : CH. BURDET.

TOUT POUR LE DIVIN COEUR !

Imprimatur.

† C.-MARIE, Évêque d'Annecy.

Annecy, le 24 mai 1875.

Annecy. — Anc. Impr. Burdet, J. Niérat et Cie, successeurs.

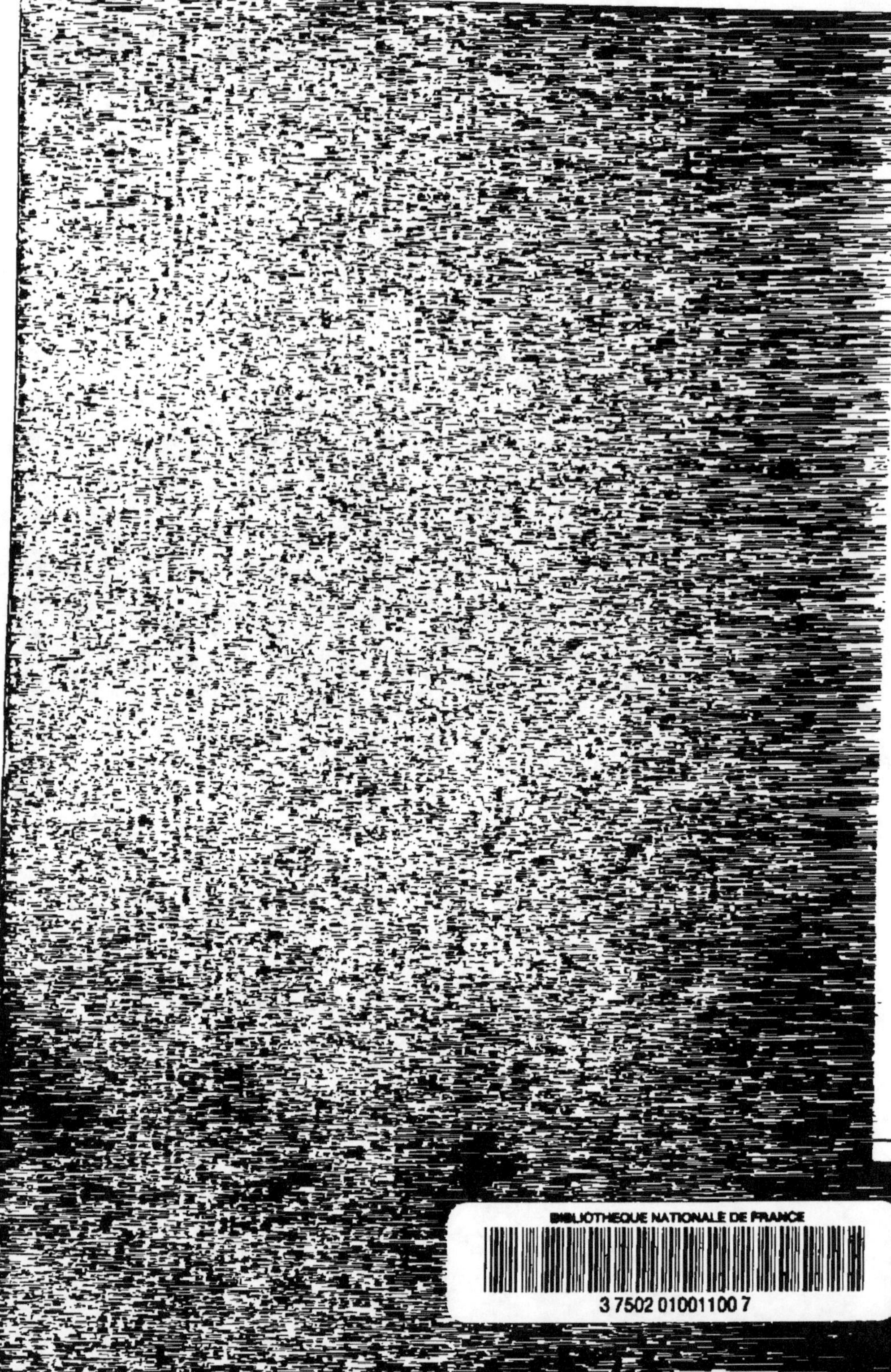

www.ingramcontent.com/pod-product-compliance
Lightning Source LLC
LaVergne TN
LVHW051131060726
842526LV00006B/2005